FSC
www.fsc.org

MIX

Paperi vastuul –
lisista lähteistä
Paper from
responsible sources
FSC® C105338

Kustantaja: BoD – Books on Demand, Helsinki, Suomi
Valmistaja: BoD – Books on Demand, Norderstedt, Saksa
ISBN: 978-952-330-172-6

1

SIMPUKANKUORI JA LINNUNKOTO

-RUNOJA VARJOISTA-

Merja Anneli Vilenius

2

I

Runo on tuska,

joka asuu portissasi.

Aurinko peittää

hämärän varjon maan.

Sinä olet tunne,

joka säilyy sielujen

kalastusverkossa.

Mene, mene ja katso,

mitä varjot saivat aikaan.

Lupiiniako tavoitit.

Ojensit käden

poimiaksesi maailman

syleilyn.

Halusit unohtaa

varjojen yön.

Kuvat vierelläsi

kantavat maailman atlaksen

painavan synnin.

Sinä tuskin muistit varjoasi

vaikka se lepäsi

povellasi katalana,

nihkeänä käärmeenä.

Varjojen yöt loistivat silkkihunnun

kumisevassa ajassa.

Katkerana taaksepäin,

jos käännyit,

erehdyit

luulemaan liikaa.

Hapatettu maito

porisi sydämen kattilassa.

Keitos oli tumman yön veri,

joka virtasi sielun uuvuttaen

ylitsepääsemättömän vuoren ohi,

ylös ja

huipulle.

Pieni lapsi itki nyt

kätkyessään suureen ääneen

ajatuksiasi,

joita olit hänelle

luovuttanut.

Synkän yön salaisuus,

oli rakkautesi pisara

valtameren laineoilla.

Ota ja katso simpukankuoren kaunista

rakennetta.

Voi varjojen yö!

Tänneko minunkin lepoon täytyy tulla?

Olethan arvoitus,

oi yö, yö,

katala yö.

Minne minä menisin,

minne sieluni kiitäisi, jos ei olisi

turvapaikkaa.

Odotan majakanvaloa

hyytävässä säässä,

synkän kölin tuolla puolen.

Kaikki maailman meret

lupaavat ojentaa kätensä.

Tahkoa, tahkoa siitä leipää,

kalaa, voita, maitoa.

Ravita sielut uupuneet

maailman suuren varjon syleilyssä.

Sinäkin olit laivassa,

eteenpäin menossa,

jonnekin matkasit.

Oi tutkimusmatkailija,

sieluni vartija.

Kätesi kosketus,

sormenpääsi puhallus.

Oi valtava tuli ja kynttilä,

risti ja rauta.

Missä, missä olit sinä,

lepäävä varjo,

käärme pahuudessa.

Sieluni katala kumppani.

Olitko, olitko luikerrellut kolostasi

katsomaan

ensimmäistä tähdenlentoa.

Missä oli voimasi,

kyltymätön sanansaattajasi,

sielusi poloinen perhosen kotilo?

Uusiutuva, uusiutuva luonnonvara,

siivekäs olento,

maanpovesta maan poveen.

Kultaiset säkeet,

harppuunat, huulet.

Oi yö.

Katala, katala sielujen messu.

Valtaisa valonlähde ja voima,

voima,

joka sortaa katkeavat sielut

maantien laitaan.

Autuus ja ihanuus unohtuivat

kiviselle polulle.

Muurit oli rakennettu suojelemaan,

mutta ne vain kumosivat tähtitieteen lain.

Oletko sinä tähdenhiukkanen,

avara sielu vaelluksessa,

kiertäen kehää,

kärpäsenä ikkunaruudussa.

Sinä, sinä olet sielujen saatto.

Sinä kumpuava tuli, loistava liekki,

valaiseva maa.

Sinun palava hautasi.

Sinun orpo kätesi.

Sinä,

joka eteerisesti leijut kaiken yläpuolella,

männynkävyt selässäsi.

Sinä muistat vielä virren,

joka laulettiin tilanteessa,

jossa itkit kadotettua maata,

mennyttä verta,

tulevaa kohtaloa,

tyyntynyttä rauhaa,

merta, merta.

Sinä, minä,

sielumme messu.

Loistava koitos,

kaunis sävel.

Itkevä kansa.

Passiooni, passiooni.

Tuletko häpeämättä luokseni,

sinä sieluni vartija.

Sinä varjo mustan maan.

Koetatko minua,

olenko valmis unohtamaan

vuosituhantisen perinteen.

Oletko öljy ruukussa?

Poltatko tulen pois, pois, pois?

Miten minä selviän?

Laitanko käteni yhteen?

Rukoilen rauhaa.

Tässä autiossa maassa.

Tunturien takana,

vaarojen vakavana oppaana.

Oi, miten polut liikkuvat.

Katkelmat kutoutuvat sieluni huutoon.

Oi armaani,

minä olen vielä verta ja lihaa.

Minä elän kupeestasi,

minä elän.

Olen laaja kuin Linnunkoto.

Joutsen kuin laulava huilu.

Olen, olen, olen.

Sinä olet, olet, olet.

Olemme varjojen maassa.

Vihreällä vyöhykkeellä.

Tuli ja pamaus.

Taistelu ja sota.

Kuinka selviämme?

Olemme syyttömiä,

sieluja sielujen vaelluksessa.

Tule, katso, odota, ole.

Minäkin kömmin runouden portista

katsomaan sen naisen hiuksia,

jotka olivat hulmuava tanner,

poljettu maanosa.

Vaikea uskonto,

vaikea usko.

Minäkin hunnussa kävelin ohi portin.

Se suuri ja mahtava sininen sävel.

Leijonat lepäsivät orjien käsillä.

Minä, minä matkasin kuuta kohti.

Katseeni katsoi tähtien leikkiä.

Elämää, syntymää, kuolemaa.

Kolmea tietäjää, opasta

elämän tulen ja savun

kattilassa.

jossa porisevat kaikki ne synnit, moraali.

Oi moraali, minne sinä kävelit,

juuri kun sinua kysyttiin.

Jätit vain varjot sieluihin.

Katalat, mustat varjot

ryvettyneisiin sieluihin

yötä vastaan kulkemaan.

Niitytkin heiluivat,

kukat pudottivat terälehtensä.

Yön synkkä yö,

mustempi, tummempi, varjoisampi elämä.

Kolhut, katkokset liekeissä.

Purjehtivat kamelit hietikolla.

Aavemeri ja kylmä yö.

Oletko palava, palava sielu ja tuli,

jota kohennan.

Mistä nostat varjosi

sieluni avara portinvartija?

Mistä peset kätesi moraali,

pahuuden kukka?

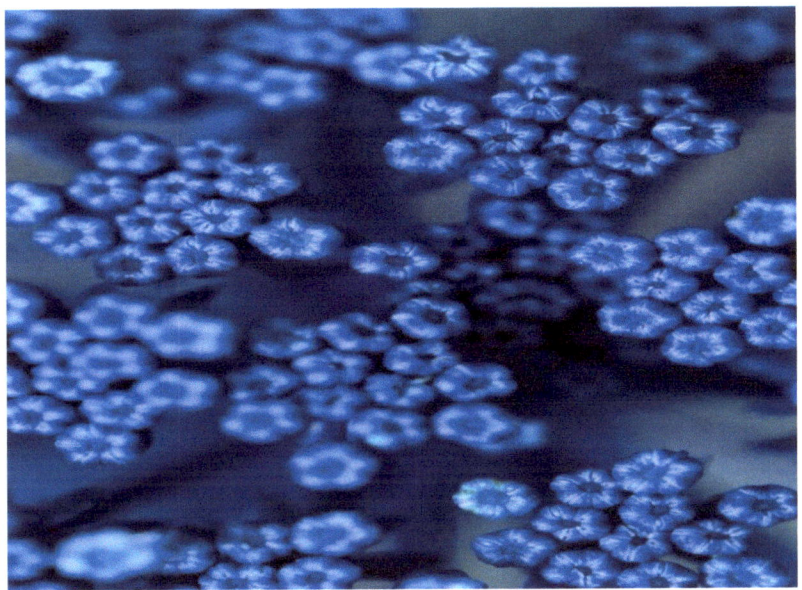

Odotatko noutajaa kävelemään kanssasi,

ehkä huomenna,

ehkä tänään?

Lupaatko minulle

matkata hitaasti.

Sivulle katsoen.

Kirjain kirjaimelta

kaikkeen sanaan.

tutustuen.

Oletko olevasi suuri,

suuri kannel, sotkanmuna.

Maailmannapa.

Lyö kiilasi varpaaseeni,

oi sinä savustettu tursas,

maailman syvyyksien luoja.

Minä en eteesi polvistu!

En pelkää pimeää yötä,

kanssani on valkea,

loistava tuli.

Minä olen puhdas,

puhdas sielu.

Minut on pesty,

muokattu,

rakennettu savesta.

Minä olen lilja,

joka heiluu tuulessa.

Kaikki Linnunkodon asukkaat poimivat minut.

Minä puhun,

olen yhtä sieluni kanssa.

Tursas mene pois.

En näe sinua.

En löydä lonkeroitasi.

Katkaisen ne kuitenkin miekalla,

terävällä harppuunalla,

laivojen risteyskohdassa.

Syö, syö minut,

jos uppoan, vajoan.

Syö!

Mutta minä uin itseni takaisin valoon.

II

Minä malttamattomana kuuna,

loisteena yön pimeyden,

minä malttamattomana kuuna,

loisteena yön eheyden,

katson, katson, syvälle

silmiisi,

tunnen sinun pinnaltasi.

Katson, katson syvälle

silmiisi,

tunnen, tunnen sinut keholtasi.

Hän tekee, mitä hänen täytyy.

Hän istuu, itkee, hänen täytyy.

Kun hän nauraa, hänen

täytyy pakottaa nauru,

jottei se muuttuisi,

itkisi itseään,

tämä nauru.

Tämä uljas nauru,

kuvajainen menneestä

ilosta.

Sinä sievä sorja sana.

Sinä joka juuri

puhkesit kukkaan.

Sinä joka peilissä

katsoit kalpein

kasvoin.

Sinä joka puhkesit kukkaan.

Missä sinä nyt olet?

Sinä sorja, sileä sana.

Sinä, joka on kuin voideltu leipä.

Suussasulava sana.

Todellako tutkit tarkoin

aarrearkun kätköt?

Kaivoit vanhan, hienon

simpukankuoren ja

kuuntelit meren

ääntä.

Valaan ääntä.

Delfiinin ääntä.

Todellako?

Sininen kuu,

punainen kuu,

keltainen kuu,

valitse niistä,

minkä haluat.

Sinulle se loistaa

joka tapauksessa.

Ota vastaan jokainen

säde,

jokainen hetki,

jokaisen säteen.

Se on siinä sinun kuusi,

se on siinä kaikkien kuu.

Koska sinä sanoit

ja minä kuuntelin.

Koska minä sanoin

ja sinä kuuntelit.

Voitimme peloista pahimman.

Siihen meni aikaa, mutta

hyväksyimme sen.

Peloista pahimman.

Sen, sen hautasimme

pois.

Vapauta itsestäsi

pieni lapsi.

Anna sen nauraa,

olla, olla

runollinen.

Anna sen olla vain

pieni lapsi.

Ei se muuta

kaipaa.

Vain pieni lapsi.

Sininen lintu.

Toiset tulevat käymään,

tervehtimään, ovat

heikkoja, vahvoja,

kalpeita, punakoita.

Toiset, toiset tulevat

käymään.

Minä kuitenkin tunnen sinut,

tunnen meidät.

Me, me olemme ja toiset

tulevat käymään.

Mitä sanoitkaan minulle,

sisäistin sen.

Käsittelin sitä kuin ihmettä.

Kuuntelin, olit,

olin.

Kummallista, outoa.

Nauroin, ei itkin, ei

nauroin.

Tunsin kuinka annoin

kaiken paeta.

Uudestaan ja kutsuin

sitä takaisin, tuota

tunnetta, joka ennen oli

tuttu ja nyt outo.

Kunnes se jälleen

muuttuisi tutuksi.

Sinun kanssasi.

Ymmärrätkö sen.

Sinun kanssasi.

Haluan elää elämäni.

Ehei, et tullut tänne

vaikertamaan,

tulit, tulit tulena

puhumaan.

Räiskymään kohti

maailman tulia ja tuulia.

Et menettänyt mitään.

Sait kaiken.

Tiesit sen!

Siksi räiskyit, olit

palava nuotio,

palava kekäle,

armossa.

Minulle on paljon sanottu,

paljon kerrottu,

olen ollut tabula rasa.

Tabula risa.

Tabula tabula.

Olen ollut kaikkea

sitä.

Kirjoitustaulu, jonka

pyyhkit.

Kirjoitit uudestaan.

Turvasit,

ja sanoit tärkeimmän.

Odotit elämältä paljon.

Minä odotin myös.

Ja näin saimme kohdata

toisemme.

Miten on tämä kaikki

ollutkaan mahdollista?

Olenko kuu, olenko kukka?

Olenko kuunkukka?

Leikinkö sanoilla,

leikinkö elämällä?

Leikinkö puhtaalla olemassaolollani.

Olen täynnä ja tyhjä yhtä aikaa.

Olen puolivälissä.

Olen pelastautunut.

Olen hukkunut.

Puolivälissä,

yhtä aikaa.

Olen käsilläni pitänyt

käsiäsi, sinun rakkaita

käsiäsi.

pehmeitä, ihania,

pitkiä sormiasi.

Sinä soudat,

minä huopaan.

Meidän vene ei

uppoa.

Minä en käskenyt sanomaan

sinua niin,

minä en pyytänyt,

rukoillut sanomaan

sinua niin,

mutta sinä sanoit,

löit lukon

sinettiin, sinä,

sinulla on avain.

tässä elämässä,

Sinä olet avain.

Olet avain kaikkeen.

Mustaan sieluuni,

ja lukemattomiin sieluparkoihini.

Jälleensyntymän kehässä,

tässä elämässä,

Nirvanassa,

Satorissa.

Ihan missä vain,

missä mielentilassa tahansa.

Minä olen nyt tuta.

Olet täyttynyt sanoista ja jollakin tavoin,

olen jotakin sanonut.

Sinussa asui jo valmiina

tomu,

sinä olit lyijyäkin raskaampi.

Olit unohtanut ilon,

olit sen sanonut jo,

sanonut ja käännyttänyt

katseesi lepäämään

vihreän niityn laidalle

sekä siniselle kummulle.

Olit, olit lyijyäkin raskaampi.

Tunsit kaiken sen painolastin.

Isältä pojalle.

Äidiltä tyttärelle.

Perimän geenit.

Kiertelit, kaartelit,

lentelit, kuin perho,

kuin perho kukasta

kukkaan.

Levittäen ilosanomaa,

perhosen kevein siivin.

Et odottanut, että ne

murentuisivat, hajoaisivat

tomuksi.

Odotit jotakin muuta,

suurta tunnetta,

suurta sielun säveltä,

joka kytkettynä käsiisi,

leikkaisi aukon

taivaaseen.

Imeytyisi pois,

toiseen todellisuuteen.

Olisi valmis näkemään,

olemaan, miettimään,

itkemään,

vapautumaan.

Vain sata vuotta ja uudet

kuurankukat.

Uudet elämät.

Uudet perhot, perhoset.

Sanoitko sinä niin

minulle,

miksi minä en ymmärtänyt,

miksi olin,

miksi olin,

paikoillani ja hiljaa,

ikään kuin odotin,

mitä sanoisin,

hiljaa,

rivien välistä,

ei sanaa,

vain tunne,

se suuri, ennenkokematon

tunne.

Valmis halajamaan sen,

valmis polvistumaan sen

ääreen.

Sana.

Suuri.

Rakkaus.

Vain Me!

Puhaltakaamme yhteen

hiileen,

yhteen isoon

hiileen,

me koko ihmiskunta,

ajatelkaamme,

ajatelkaamme,

onko kaikki loppu ja

jäljellä vain

kyynisyys?

Ei, ei ole,

on tunnelmakuvia.

On tuokioita.

On hetkiä.

Minuun sattuu ja minä

satutan.

Minuun sattuu ja minä

rakastan.

Vaikeita hetkiä,

kurjia pilviä

päänpäällä,

sateeksi asti.

Mutta, mutta

minä rakastan!

Ehkä kaikki on jo

kerrottu,

kaikki runot

moneen kertaan sanottu.

Minä sanon tämän,

suullani, päälläni, silmilläni,

sanon, se on nyt sanottu.

Rakastan.

Rakastan.

Ymmärrätkö?

Rakastan sinua

kulta-pieni.

Päivä tyyntyy,

se tulee hiljaa,

se auttaa,

sinä autoit,

palautit sanan,

sanoit sen uudestaan,

olit, jokin,

muusani,

mutrusuinen,

mutta siltikin sanoit,

palautit sen tärkeimmän,

elämännälän ihmeellisen.

Tulta ja tappuraa,

kaikkea, nokea ja savua.

Tulinen tuli,

tulikatku,

tuli tulenkatkuinen

sielu, joka paloi

helvetin tulessa

paloi.

Maaksi, tomuksi jälleen,

pieni hiukkanen kerrallaan,

vain pieni hiukkanen kerrallaan.

Et omista mitään,

et mitään.

Väititkö vastaan, et,

myötäilit, et,

et väittänyt vastaan,

vaaan myötäilit,

olit kuin pehmeä kukka,

jonka terälehdet sai repiä.

Kukka, joka oli valkoinen ja keltainen sisus sillä oli.

Päivänkakkara.

Rakastan.

Rakastan elämää,

sitä vieläkin rakastan.

Minä en koskettanut,

mutta minä tunsin,

tunsin kaikki ne henget,

jotka ahdistivat minua.

Olin kuin henkipatto.

Tyhjä simpukan kuori.

Ruho, joka riippui

koukussa.

Ruho ja rujo.

Siinä kaikki.

Aina on olemassa,

sanomaton vaara,

sanallinen vaara,

aina vaara,

se viettelee,

horjuttaa,

neuvottelee,

poimii,

omia marjojaan.

Aina on olemassa

sanomaton vaara,

väijyvä, tulessa loistava

liekki.

Se ryntää luoksesi,

sinä kurja runoilija,

se puhuu suullasi,

sinä armon hakija.

Se on tärkeintä,

että tiedät,

tunnet,

tunnet,

mitä sinä tunnet,

avaran maailmankaikkeuden,

rajattoman luodon,

sinä tunnet ne sileät kivet,

jotka kannoit sisälläsi.

Minä sanon sen,

puhun ääneen,

pulisen.

Kannan kiven, heitän

leipää.

Olen ahdistunut,

ellen näe, tunne, koske

sinua.

Sinun ja minun lukko.

Minä istun,

minä kävelen,

minä juoksen,

minä vaellan,

minä olen.

Olen yhtä kanssasi,

olen,

olen toista maata,

olen,

olen vastakohtaparisi.

Olen.

Sanat ovat kovia,

sanat ovat helliä.

Ihmiset kierrättävät

toisiaan,

itseään sanoilla.

Sano sinä vakavanaamioinen muumio,

vieläkö elät,

vieläkö sanot?

Neilikka, kirsikka,

on neidolla punapaula.

Tanssii kedolla,

kukkien seassa,

siitepöly varisee,

lentelee nuoruuteen.

Hänen nuoruuteen,

varsinainen lapsi,

pieni vielä,

itkevä,

tunteva,

 kärsivä,

sinä tunnet hänen ihonsa pinnan.

Sinä tunnet!

Retkesi alkoi lapsena.

Punahilkkana.

Isoäidin suuret korvat ja

suuri suu.

Sinä ympäripyörein

hämmästelevin silmin.

Tuijotit isoäitiä.

Isoäitisi oli sinun

luuta, vertasi, lihaa.

Sinun isoäitisi ja

suuret korvat,

suuri suu.

Isoäiti en unohda sinua!

Temppeli ja kuningas

saapui ratsullaan.

Kenen tuulen hän toi

tullessaan?

Hänen säikky, musta

ratsunsa,

kuolasi vaahtoa.

Sortajat sortuneet.

Kenen tuuleen puhallat?

Olet vapaa, vapaa

perhosen siipi

kaaoksessa,

kosmoksessa,

avaruuden ytimessä.

Mitä kuuluu?

Onko kaikki hyvin.

Kiitos.

Kiitos kysymästä,

kuka olet,

miksi olet,

miksi synnyit?

Keitä me olemme,

me tuuleen puuskuttajat.

Olemme sanoja,

kuvia,

olemme mielikuvia.

Toinen toisellemme.

Olemme rakkaat

mielikuvat,

heijastus,

kangastus.

Auringonlasku.

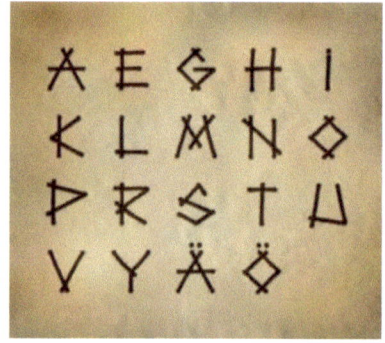

Katselit ympärillesi,

silmäsi olivat

hämmästyneen lapsen.

Katselit ympärillesi,

näit ja koit liikaa.

Ollaksesi tyyni,

ei veren, virran vihvoma,

et ole aito,

olet tekopyhä pakertaja.

Kuka sinusta teki

tällaisen, niitti niityn,

leikkasi kauran,

kuka?

Me emme ole koskaan

valmiita,

me tuuleen huutajat.

Me itkemme ja olemme

tyhjiä kuoria.

Sinuun sattui matkan

varrella,

sinun solkesi putosi

hiuksistasi.

Olit hiljaa,

katsoit aavaa merta.

Olit vaiti hiljaa,

katsoit kiehuvaa merta.

Tyynnytit tuulen

sisälläsi.

Se oli kuin tornadon sisus.

Elävä sana kiteyttää

voiman puroksi,

eläväksi järveksi,

mereksi,

maaksi,

mudaksi,

Sinuksi.

Sinä kerrot,

sinä puhut.

Et ole hiljaa,

vyöryät,

virtana,

lähteiden takaa,

menneisyyden

välittämänä.

Olet, olet puu,

joka nieli tiedon,

Tiedonpuun hedelmä.